Sebastian im Wald

Bilder von Vladimir
Text von Thea Leitner

Annette Betz Verlag

Sebastian lebt in der Stadt und hat dort viele Freunde. Doch einen Freund hat er, weit weg von der Stadt, und den mag er besonders gern. Das ist der Förster Alois. Der wohnt mit seiner Frau Marie im Wald, in einem Försterhaus. Jeder Mensch weiß, daß es das Haus des Försters ist, denn über der Tür hängt ein Hirschgeweih.

Am Sonntag besucht Sebastian seinen Freund Alois und geht mit ihm in den Wald. Es ist ein klarer, kalter Frühlingstag. Die Berge sind schneebedeckt. Die letzten Schneereste liegen sogar noch vor dem Haus. Aber auf der Wiese blühen schon die ersten Krokusse – weiß wie Schnee.

Marie hat dem Alois und dem Sebastian die Rucksäcke mit Brot und Speck und Käse vollgepackt, denn die beiden werden den ganzen Tag unterwegs sein.

»Bekommen wir keine Limonade?« fragt Sebastian.

»Nein«, sagt die Marie. »Ihr könnt aus dem Bach Wasser trinken.«

»Aus dem Bach?« fragt Sebastian verwundert. »Ist denn der nicht schmutzig?«

»Bei uns Gott sei Dank noch nicht«, meint die Försterin. »Schau nur, wie viele Forellen im Bach schwimmen. Wenn die Fische im Wasser so munter sind, dann kann auch ein Mensch davon trinken.« Sebastian sagt nichts. Limonade wäre ihm trotzdem lieber. Er ist ja schließlich keine Forelle.

Während Marie Holz zum Heizen holt, damit die beiden es schön warm haben, wenn sie am Abend nach Hause kommen, marschieren Sebastian und Alois los. Bello, der Hund, hüpft begeistert um sie herum. Auch Bello freut sich auf den Ausflug.

»Wo ist dein Gewehr?« fragt Sebastian den Förster.

»Wieso Gewehr?«

»Gehen wir denn nicht auf die Jagd?«

»Nein«, sagt der Förster, »jetzt ist keine Jagdzeit. Aber ein Fernglas habe ich mitgenommen. Damit können wir in die Ferne sehen.«

Sebastian lacht. »Das ist komisch. Wir können also fernsehen ohne Fernsehapparat.«

Alois schmunzelt. »Du hast ganz recht. Aber wetten, daß Fernsehen im Wald lustiger ist als Fernsehen daheim im stinkigen Zimmer?«

Sebastian ist beleidigt. »Unser Zimmer ist nicht stinkig.«

»Na ja, mag sein«, gibt der Förster zu. »Aber so herrlich frische Luft wie im Wald habt ihr in der Stadt mit den vielen Autos sicher nicht.«

Der Junge nickt. Er weiß es schon lange: Im Wald riecht es tausendmal besser.

Der Förster hat recht: Durch das Fernglas sieht man die Stadt, in der Sebastian wohnt, ganz nah. So als ob es nur ein Katzensprung bis zur Burg und den Häusern wäre. Dabei muß man eine ganze Weile mit der Bahn oder mit dem Auto fahren, um von der Stadt in den Wald zu gelangen.

»Ich sehe auch den Fluß«, freut sich Sebastian.

»Schau genau«, sagt der Förster Alois. »Der Fluß fließt auch durch den Stausee. Er treibt dort die Turbinen an, die den elektrischen Strom erzeugen.«

»Und weiter oben teilt sich der Fluß in viele kleine Bäche, bis zu uns in den Wald«, bemerkt Sebastian.

»Ja«, sagt Alois, »alles Wasser kommt von den Bergen durch den Wald geflossen. Wasser ist wichtig. Wir brauchen es zum Trinken und zum Waschen, und wir brauchen es, daß es Maschinen und Mühlen treibt. Siehst du die alte Mühle mit dem Schaufelrad dort oben?«

»Und was ist das hier?« Sebastian zeigt auf zwei Scheiben. Sie klappern und kreisen, und auch sie werden vom Wasser angetrieben.

»Das ist eine der letzten Steinmühlen.«

»Eine was?«

»Eine Steinmühle. Sie schleift kleine Steinbrocken zu schönen glatten Kugeln. Mit denen kannst du spielen.«

»Du meinst Murmeln? Pah – Murmeln mag ich nicht mehr, dafür bin ich schon viel zu groß«, brüstet sich Sebastian.

»Hoho«, lacht der Förster. »Du bist zu groß für Murmeln! Soll ich jetzt vielleicht *Herr* Sebastian und *Sie* zu dir sagen?«

»Brauchst du nicht«, erklärt Sebastian großmütig.

»Na, da bin ich aber sehr froh«, sagt Alois und zwinkert fröhlich.

»Sebastian, hör auf!« ruft der Förster. Aber es hört sich an, als röchelte er: »Scheschan öh auuuh.« Das kommt davon, weil Alois ein Netz über den Kopf gestülpt und eine Pfeife im Mund hat. Dadurch klingt seine Stimme dumpf und hohl, und Sebastian versteht ihn nicht. Oder er will ihn nicht verstehen.

Der Förster hat einen Bienenstock am Rand des Waldes. Von Zeit zu Zeit nimmt er den Bienen die Waben weg, in denen sie den Honig aufbewahren. Der Alois trägt die Waben nach Hause, schleudert den Honig heraus und gibt den Bienen statt Honig Zucker zu fressen. Natürlich haben die Bienen auch lieber Honig als Zucker, und darum werden sie wild, wenn man ihnen die Waben wegnimmt. Am liebsten würden sie den Alois stechen. Darum versteckt der Förster sein Gesicht hinter einem Netz und stößt dazu noch mächtige Wolken von Tabaksqualm aus seiner Pfeife. Bienen können Rauch nicht ausstehen und fliegen davon.

Während der Förster am Bienenstock arbeitet, versucht Sebastian, Schmetterlinge zu fangen. Das macht den Förster wütend, denn es gibt ohnehin fast keine Schmetterlinge mehr. Alois nimmt schließlich das Netz ab und steckt die Pfeife weg. Er erklärt Sebastian, warum man keine Schmetterlinge jagen darf.

Sebastian hört sofort auf. Er denkt bei sich: Wenn ich so brav bin, bekomme ich vielleicht ein Glas Honig zur Belohnung ...

»Pilze – gleich *drei* große Pilze!« Sebastian ist begeistert. »Die schneide ich ab und bringe sie der Mutter nach Hause. Dazu einen Strauß Zyklamen.«

»In Ordnung«, sagt der Förster. »Die Pilze kannst du nehmen. Aber die Zyklamen rührst du gefälligst nicht an. Die stehen nämlich unter Naturschutz.«

»Jaja, ich weiß schon.« Sebastian hat endlich begriffen, daß man den Wald lassen soll, wie er ist. Die Blumen sind nicht zum Pflücken da, Schmetterlinge und Käfer darf man nicht fangen. Und die Ameisen – was ist mit den Ameisen?

»Um die machst du besser einen großen Bogen«, warnt der Förster. »Wenn du ihnen zu nahe kommst, spritzen sie dich mit scharf stinkender Säure an. Stechen können sie auch ganz schön. Mir sind einmal ein paar Ameisen in die Hosenbeine gekrochen und haben mich so gezwickt, daß ich laut geschrien habe und wie wild herumgehüpft bin.«

Es tut Sebastian leid, daß er nicht dabeigewesen ist. Er hätte zu gern den hüpfenden und schreienden Förster gesehen. »Sind die Ameisen überhaupt zu etwas gut?« fragt er.

»Das will ich meinen«, sagt der Förster. »Sie fressen das Ungeziefer, das dem Wald schadet.«

»Sie fressen nur Ungeziefer?«

»Nein, Ameisen mögen auch Honig. Sag deiner Mutter, sie soll das Glas immer gut zumachen, sonst ist der Honig weg.«

Diesen Rat wird sich Sebastian bestimmt sehr gut merken!

»Fressen auch Hirsche Honig?« will Sebastian wissen.
»Waaas?«
»Na ja, ich meine, wenn Ameisen Honig fressen, warum dann nicht auch Hirsche?« gibt Sebastian zu bedenken.
»Mhm«, macht der Förster, »die Frage ist gar nicht so dumm. Nein, Hirsche fressen keinen Honig. Sie haben Gräser und Kräuter und Beeren gern. Leider auch junge Knospen und Baumrinde. Das schadet dem Wald. Darum müssen wir Hirsche jagen, damit es nicht zu viele werden.«
Sebastian und Alois stehen auf dem Hochstand. Sie wispern so leise, daß sie einander kaum verstehen können. Wenn sie lauter redeten, würden die Hirsche gleich davonlaufen. Der Hirsch ist ein sehr scheues Tier. Nur selten bekommt ihn ein Mensch zu sehen. Sebastian ist sehr froh, daß er die Hirsche beobachten kann. »Was tun sie eigentlich?« fragt er.
»Sie kämpfen. Sie streiten darum, wer der Stärkere ist.«
Sebastian schweigt und denkt nach. Dann verkündet er: »Ich möchte ein Hirsch sein.«
»Warum?« Der Förster ist erstaunt.
»Dann hätte ich ein Geweih und wäre der stärkste unter meinen Freunden.«
»Na gut«, gibt der Förster zu. »Dann hättest du ein Geweih. Aber magst du giftige Pilze? Hirsche fressen nämlich auch Giftpilze.«
»Brrr – nein.« Sebastian schüttelt sich. »Dann bleibe ich doch lieber, wer ich bin. Ohne Geweih.«

Der Herbst ist gekommen. Die Blätter fallen, und Bäume werden gefällt. Der Förster läßt die Stämme mit einem Pferd zu Tal ziehen. »Sebastian, du darfst die Zügel halten.«
Sebastian zögert. Er fürchtet sich vor dem Pferd, aber nur ein ganz kleines bißchen.
»Warum nimmst du nicht einfach einen Traktor?« fragt er.
»Weil es hier oben am Berg keine Straßen für Traktoren gibt. Darum muß mir das Pferd helfen. Komm, nimm die Zügel.«
Langsam geht Sebastian näher – aber er berührt nur hastig den letzten Zipfel der Zügel, dann läßt er ihn wieder fallen.
Der Förster lacht. »Geh lieber und hilf den anderen beim Sammeln von Reisig und Laub.«
Nachdem alle mit der Arbeit fertig sind, holen sie den Korb, der hinter einem Baumstamm steht; sie essen mit großem Hunger Brot und Speck und Wurst. Dazu trinken sie Apfelmost – gleich aus der Flasche.
Sebastian grübelt eine Weile. Dann fragt er: »Werden jedes Jahr Bäume gefällt?«
»Natürlich«, sagt der Förster Alois.
»Aber dann sind ja eines Tages gar keine mehr da«, sorgt sich Sebastian.
»Keine Angst«, meint der Förster. »Siehst du dort die kleinen Bäumchen? Jedes Jahr werden kleine Tannen nachgepflanzt.«
»Und die werden alle so groß wie die anderen?«
»Vielleicht«, sagt der Förster. »Vielleicht – wenn bis dahin nicht der ganze Wald gestorben ist.«

Bei ihrem nächsten Ausflug beobachten der Förster Alois und Sebastian drei Eichhörnchen. Zwei sind eben dabei, Nüsse zu vergraben, die sie im Winter hervorholen und fressen werden.

»Das dritte, dort oben auf dem Baumstamm, ist wahrscheinlich unser Hansi«, sagt der Förster.

»Hansi? Wieso – kennst du ihn?«

»Hansi ist bei uns aufgewachsen«, erklärt der Förster. »Das ist eine lustige Geschichte.«

»Erzähl, bitte, bitte, erzähl«, bettelt Sebastian.

»Nun – eines Tages streifte ich durch den Wald und fand den winzigen Hansi. Er war aus dem Nest gefallen. Jawohl, auch Eichhörnchen bauen Nester, so wie die Vögel. Ich nahm den Hansi nach Hause mit, und meine Frau versuchte, ihm aus einem Fläschchen Milch zu geben. Die hat der Hansi aber nicht genommen. Zum Glück hatte damals unsere Katze, die Serafina, Junge. Hansi ist zu ihr gekrochen und hat, zusammen mit den Katzenbabys, Milch aus Serafinas Brust gesaugt. So ist er groß geworden und schließlich wieder in den Wald gelaufen. Leider kommt er immer wieder zurück.«

»Wieso leider?«

»Hansi vergräbt seine Nüsse in unseren schönsten Blumenstöcken und zerbricht dabei manchmal die Töpfe.«

Doch Sebastian hört dem Förster schon nicht mehr zu. »Alois«, ruft er aufgeregt. »Der Hansi pfeift. Ich habe noch nie ein Eichhörnchen pfeifen gehört.«

»Freilich tun sie das. Ein paar Tage ehe es schneit, pfeifen die Eichhörnchen. Du wirst schon sehen ...«

Der Förster hat recht, das Eichhörnchen hat recht: Es schneit und schneit und schneit. Sebastian versinkt bis zu den Knien im Schnee, während er mit dem Förster durch den Wald stapft.

Plötzlich stutzt er. »Was sind das für Tiere? Sind das große Igel?«

»Pscht, ganz, ganz leise«, flüstert der Förster. »Das sind keine Igel, wenn sie auch so stachelig aussehen wie Igel. Das sind Wildschweine. Sie suchen unter dem Schnee nach Eicheln oder Bucheckern, weil sie hungrig sind.«

»Warum müssen wir so leise sein?« Sebastian bewegt die Lippen, aber es kommt fast kein Ton heraus.

»Weil die Wildschweine sonst wild werden. Siehst du die großen Stoßzähne des Ebers? Die sind hart und spitz wie Küchenmesser.«

»Was machen wir jetzt?« keucht Sebastian.

»Wir gehen ganz langsam weiter und beachten die Tiere gar nicht. Wenn man nicht schreit und aufgeregt herumläuft, sind die Wildschweine friedlich und tun niemandem etwas.«

Der Förster geht mit ruhigen Schritten geradeaus weiter. Sebastian folgt ihm tapfer; aber er schaut vorsichtshalber nicht links und nicht rechts.

Hat er sich gefürchtet? Keine Spur! Aber er ist trotzdem froh, als sie an den Wildschweinen vorbei sind.

»Bei unserem nächsten Spaziergang darfst du lang aufbleiben«, hat der Förster Alois neulich gesagt.

Sebastian ist glücklich, denn er geht abends gar nicht gern ins Bett, auch wenn er schon sehr müde ist.

Jetzt ist er überhaupt nicht müde. Es ist eine bitterkalte Sternennacht, der Mond steht voll und rund am Himmel.

Der Förster und Sebastian marschieren ins Gehege. Das ist ein großes Waldstück mit einem Zaun herum. Dort werden seltene Tiere gehalten, die ansonsten in der freien Natur kaum noch vorkommen: Steinböcke, Mufflons, Gemsen. Diese Tiere sind sehr scheu. Sie kommen nur in der Nacht zur Futterraufe.

Wieder muß Sebastian ganz leise sein, um das Wild nicht zu erschrecken. Eine Blaumeise, die auf dem Baum schläft, hat ihn dennoch gehört. Sie öffnet kurz die Augen und sagt »piep«. Sonst sagt sie nichts.

Sebastian blickt neugierig um sich. Es ist fast so hell wie am Tag. Am Waldrand kann er einen Fuchs erkennen.

»Was macht denn der Fuchs hier?« fragt Sebastian.

»Er schaut zu. Er ist genau so neugierig wie du«, meint der Förster.

Sebastian dreht sich weg. »Ich bin nicht neugierig«, sagt er trotzig.

»Was bist du denn?«

»Sooo müde.«

»Wunderbar«, sagt der Förster. »Dann schnell nach Hause und husch ins Bett!«

CIP-Titelaufnahme der Deutschen Bibliothek

Sebastian im Wald / Vladimir Bedeniković. Text von
Thea Leitner. – Wien; München: Betz, 1989
ISBN 3-219-10443-6
NE: Vladimir [Ill.]; Leitner, Thea [Mitverf.]
Vw: Bedeniković, Vladimir [Wirkl. Name] → Vladimir

B 420/1
Alle Rechte vorbehalten
Copyright © 1989 by Annette Betz Verlag im Verlag
Carl Ueberreuter, Wien - München
Gesamtherstellung: Carl Ueberreuter Druckerei Ges. m. b. H.,
Korneuburg
Printed in Austria